AF306156

E.-V. VEUCLIN

LA QUESTION
DU
PAUPÉRISME
TRAITÉE
A LA SORBONNE
EN 1887

BERNAY
IMPRIMÉ PAR Y.-E. YEUCLIN
EN L'AN 1887

(6)

E.-V. VEUCLIN

LA QUESTION

DU

PAUPÉRISME

TRAITÉE

A LA SORBONNE

EN 1887

BERNAY

IMPRIMÉ PAR V.-E. VEUCLIN

EN L'AN 1887

LE PAUPÉRISME ILLICITE
EN 1887

A l'occasion du récent Congrès des Sociétés savantes, tenu à la Sorbonne, le *Journal officiel* donne la note suivante :

SECTION DES SCIENCES ÉCONOMIQUES
ET SOCIALES

Séance du mercredi 1er Juin 1887.

M. *Veuclin*, publiciste à Bernay (Eure), donne lecture d'un mémoire sur la question suivante : Rechercher les mesures prises depuis le seizième siècle pour réprimer la mendicité et le vagabondage. M. Veuclin dresse un tableau du paupérisme sous les différents rois de France depuis le seizième siècle, en insistant surtout sur les moyens de le combattre employés à Bernay et dans les environs. Il se plaint du développement du paupérisme ; il croit en trouver la cause principale dans l'extension parfois excessive de l'instruction dans les classes populaires et dans les vices des programmes qui n'impriment pas à l'enseignement primaire un caractère suffisamment professionnel (agricole et industriel).

Cette note laconique résume bien imparfaitement la troisième partie de mon mémoire sur le Paupérisme : *Etat actuel de la question*, partie dont j'ai dû largement tronquer la lecture, parce que les développements qu'elle comportait, bien que connexes avec le sujet, étaient l'objet de questions distinctes et spéciales.

C'est pourquoi je crois devoir publier en entier, telle que je l'ai conçue et présentée, la conclusion de mon mémoire local. En cela faisant, je pense être en communion d'idées avec tous ceux qui m'ayant fait l'honneur de m'écouter n'ont entendu qu'un aperçu bien incomplet de mes pensées.

E. Veuclin.

Troisième Partie.

Je termine, Messieurs. par un examen rapide de l'état actuel du Paupérisme.

Depuis bientôt un siècle le régime féodal ne fait plus péser sur le peuple son joug avilissant et désastreux.

Aujourd'hui, la Liberté existe dans son sens le plus vaste.

L'instruction est répandue à profusion et gratuitement dans les masses.

De nombreuses institutions de prévoyance et d'épargne mettent à l'abri de la misère toute personne valide, laborieuse et économe.

Les Pactes de Famine ont fait place à des relations internationales qui assurent le pain à bas prix, lors même que la disette sévit chez nous.

La peste a fui devant les raffinements du bien-être.

La guerre n'est plus en permanence et a perdu une grande partie de ses horreurs dévastatrices d'autrefois.

La population française décroît et le nombre des riches augmente.

Enfin, le génie humain fait chaque jour des pas de géant dans la voie des inventions et des découvertes ayant pour but l'accroissement de la fortune publique.

Pourquoi donc, à l'heure présente, le vagabondage et la mendicité sont-ils, plus que jamais, une tache nationale et l'un des plus grands dangers sociaux ?

Pourquoi, surtout, du nombre effrayant et sans cesse croissant des vagabonds qui envahissent nos villes et nos villages, qui encombrent les prisons, pourquoi y a-t-il tant de jeunes gens qui, âgés de moins de 30 ans, ont profité des immenses avantages créés par l'Etat, depuis 15 ans, en faveur du peuple ?

Tous, Messieurs, vous pouvez répondre à ces désolantes questions, car l'histoire du monde antique vous a montré que le mal est toujours né du bien, que les révolutions sociales, que la civilisation et le progrès, en modifiant la condition des diverses classes, engendrent fatalement des Caïn qui étouffent ceux de leurs frères qui sont leurs supérieurs dans l'ordre moral.

Bien que vous sachiez tout cela, Messieurs, permettez à un enfant du peuple, bien placé pour voir le vif de la plaie qui ronge la France, de vous dire simplement quels sont ces fratricides de la dignité et de la sécurité nationales.

Ces fils pervers et redoutables de la Liberté sont, à mon avis, au nombre de six : l'Instruction sans Dieu ; l'Instruction irréfléchie; l'Instruction tronquée; l'Alcoolisme et son cortège ; L'inexécution et le mépris des lois ; Le suffrage universel.

I

L'Instruction sans Dieu.

Il y a quelques jours, Messieurs, un de nos politiciens les plus marquants, M. Jules Simon, dans son admirable discours à l'*Union de la paix sociale* signalait les inconvenients multiples du surmenage intellectuel dans nos écoles. Après avoir dit les déplorables conséquences, tant au point de vue physique qu'au point de vue moral, de l'instruction à outrance et purement matérielle, l'éminent orateur concluait en ces termes :

« Si nos enfants reçoivent une éduca-
« tion qui élève leur cœur et leur esprit,
« s'ils songent à l'au-delà, s'ils ont de
« l'éternité dans leurs pensées et dans
« leurs sentiments, ils forceront l'estime de
« tous, ils inspireront le respect et l'obéis-
« sance. Eveiller toutes les forces de no-
« tre intelligence et de notre vertu, voilà
« l'œuvre de l'éducation. »

Or, Messieurs, ce n'est point en matérialisant l'instruction populaire, en enlevant de nos écoles primaires l'image du divin Crucifié et ses sublimes enseignements, que l'on obtiendra cette éducation salutaire qui vivifie les sentiments les plus nobles du cœur humain, ceux qui, voyant Dieu dans la personne du pauvre, enfantent les grands sacrifices, les héroïques dévouements à l'égard des malheureux ; sentiments qui animèrent les nombreux philantropes chrétiens qui, depuis saint Louis, ont lutté contre la misère de leurs frères en Jésus-Christ (1) ; sentiments qui armèrent ces intrépides soldats de la Charité, dont l'un des plus vaillants, je l'ai dit, fut saint Vincent de Paul (2).

Enlever de la pensée des enfants l'espoir de l'éternité et d'une récompense céleste pour les vertus, le bien et les privations d'ici-bas, c'est tarir la source abondante et pure qui cicatrise, depuis tant de siècles, la plaie toujours ouverte du Paupérisme.

Avec l'école sans l'au-delà de la terre, sans Dieu, c'est remplacer la pitié par l'égoïsme, c'est provoquer et préparer ces défections morales qui affligent les croyants de la vieille et belle école du Christ.

J'affirme donc que la prohibition de l'enseignement religieux dans l'instruction publique est la cause primordiale du développement du paupérisme naturel et du paupérisme illicite.

---

(1) Dans ma notice : *Le Cléricalisme n'est pas l'ennemi de l'Instruction, du Progrès et de la Liberté,* publiée en 1882, j'ai cité les noms des principaux philantropes chrétiens de la ville de Bernay, depuis le XVII⁰ siècle.

(2) En 1876, j'ai rapporté les circonstances mémorables qui méritèrent à la cité bernayenne l'honneur d'éprouver l'immense charité de saint Vincent de Paul.

II

L'Instruction irréfléchie.

Un des défauts de l'instruction populaire de nos jours est de faire trop de demi-savants d'enfants de paysans et d'artisans sans fortune, de pauvres en un mot.

En effet, grisés par les succès scolaires de leurs enfants, succès représentéspar un certificat d'études primaires, beaucoup de parents, mal inspirés , ont honte de donner au jeune lauréat de douze ans, qui sait tant de choses..... superficiellement, une charrue à conduire, un troupeau à soigner, un outil à manier, un vulgaire métier à exploiter. Ces parents, considèrent comme humiliante leur humble situation pour le petit prodige que leur rend l'école primaire ; ils s'empressent donc d'envoyer cet enfant à la ville où, 90 fois sur 100, il va grossir la nombre des déclassés qui, eux aussi, ont appris dans la masse des livres qu'ils ont étudiés, que les plus hautes dignités sociales sont accessibles à tous, que l'Egalité ayant nivelé tous les hommes, chacun peut espérer d'arriver au sommet de l'échelle des grandeurs ; que le fils d'un bûcheron, d'un laboureur, d'un boutiquier peut devenir député, ministre même, s'il est secondé par l'audace et servi par le hasard des événements.

Est-il besoin de vous dire, Messieurs, que ces rêves plus ou moins ambitieux s'évanouissent promptement et que, incapables de gagner leur pain par un travail manuel, presque tous ces fils de prolétaires arrivent fatalement à solliciter ce pain de la charité publique ou à se le procurer par des moyens criminels, s'il leur est refusé.

En montant d'un échelon, on voit la même faute commise, sous une autre forme, par les familles aisées de nos campagnes. Le gros fermier, le cultivateur fortuné, le marchand enrichi, le paysan parvenu ne veut point que son enfant soit un villageois ; il l'envoie au collège ou au lycée. Là, cet enfant étant en contact avec de plus fortunés que lui contracte trop souvant des mœurs citadines et orgueilleuses qui lui font prendre en dégoût son pays natal et quelquefois mépriser les auteurs de ses jours.

Si cet enfant de paysans devient bachelier, les grandes villes seules peuvent satisfaire son ambition doublée de celle de ses parents, dont il a peut-être déjà écorné largement l'aisance.

Que devient ce jeune savant ? — La réponse, Messieurs, se trouve dans les statistiques des asiles de nuit de Paris et des provinces. Dans ces affligeants tableaux du Paupérisme actuel, on voit combien sont nombreux les érudits, les gradés de l'Université qui, n'ayant pas une pier-

re pour reposer leur tête ni un morceau
de pain pour apaiser leur faim, sont incapables, eux-aussi, de se procurer, par
un travail manuel, ce pain qu'ils ne re-
cueillent qu'avec humiliation et peine

Ce n'est pas d'hier, Messieurs, que la
vanité des familles et le faux amour paternel produit ces déplorables résultats.
Vous vous souvenez d'un sympathique
poëte du siècle dernier (1751-1780), de
Laurent Gilbert, lequel, terrassé par la
misère qu'il avait trouvée à Paris où il
était venu chercher gloire et fortune, re-
prochait à ses parents, humbles cultivateurs des Vosges, les sacrifices qu'ils s'é-
taient imposés pour lui donner une instruction supérieure à leur condition.

Encor si vous m'eussiez laissé votre ignorance,
J'aurais vécu paisible, en cultivant mon champ

leur dit, dans l'une de ses poésies, cette
intéressante victime de l'amour paternel.

A l'heure présente, combien de Gilbert,
de jeunes vagabonds très lettrés ne peu-
vent-ils pas faire à leur famille, à l'Etat,
le même reproche !

Combien d'enfants de paysans, attirés
par le mirage trompeur des villes, ont
amèrement regretté la vie rustique des
champs, sa sauvage poésie, sa fraternité
loyale et franche bien qu'amoindrie, hé-
las, par l'invasion de la politique irritante.

Qu'il eût été préférable, pour beaucoup
d'enfants prodigues, d'avoir été moins savants et d'être restés à cultiver leur petit

patrimoine fecondé par la sueur de plusieurs générations d'aïeux, héritage jadis sacré parce qu'il avait été péniblement agrandi par ces rudes et incessants labeurs qui trempèrent si vigoureusement nos anciennes races villageoises, aujourd'hui étiolées par les raffinements sensuels de la civilisation moderne.

Au malheureux déclassé qui erre sur les routes d'un pays étranger et inhospitalier, au jeune vagabond qui ne trouve asile que dans les prisons où il perd tout sens moral, qu'ils offriraient de charmes le modeste toit de chaume qui le vit naitre et le simple clocher qui salua ses joies d'enfant après s'être associé aux deuils de ses ancêtres !

J'affirme donc que l'instruction irréfléchie est aussi une des causes qui favorise le développement du Pauperisme illicite.

III

L'Instruction tronquée.

En troisième lieu, Messieurs, je mets l'instruction tronquée, dans l'ordre matériel, telle qu'elle est donnée, de nos jours, à la classe populaire.

En effet, bien que le programme de l'enseignement primaire soit très chargé, trop chargé même, il n'en est pas moins incomplet et défectueux. Voici comment :

En bourrant l'enfant pauvre de connaissances exclusivement pédagogiques et en l'abandonnant à lui-même, au sortir de l'école, avec un certificat qui ne lui procure aucun avantage pour l'avenir, l'Etat n'a accompli que la moitié de son œuvre puisque cet enfant pauvre ne sait absolument rien faire pour gagner sa vie par un métier quelconque.

C'est donc par le côté professionnel que l'instruction populaire est tronquée et imparfaite. L'Etat ne doit pas laisser sa tâche inachevée ; il doit, à tout prix, combler cette regrettable et profonde lacune, sans quoi, l'instruction pédagogique seule est, je le repète, chose funeste pour le pauvre ; c'est une arme terrible mise entre les mains de futurs déclassés, de vagabonds qui tourneront plus tard cette arme contre l'Etat qui l'a forgée.

Les exemples de cette révolte sont trop nombreux de nos jours pour ne pas être effrayé du lendemain que prépare l'instruction qui ne s'attache qu'à faire des savants sans se préoccuper du travail manuel, soit agricole, professionnel ou industriel, surtout au moment où la France est devancée, sur ces points, par de puissantes nations rivales.

IV

L'Alcoolisme et son cortège.

L'an dernier, Messieurs, à la section d'histoire, l'éminent président du Congrès, M. Victor Duruy fit cette profonde réfle-

xion, à propos de l'abandon de l'enseignement du grec : « A notre époque de démocratie, conservons du moins l'aristocratie de l'intelligence ! »

Empruntant cette grande pensée, je
viens, Messieurs, vous dire : « A notre
époque de démocratie, sachons aristocratiser et sauvegarder l'intelligence ! »

M. Jules Simon nous a dit comment il
l'on devait aristocratiser l'intelligence de
l'enfant. Au superbe tableau du grand
philosophe, je me permets d'ajouter une
esquisse pâle, mais exacte qui ma été sug-
gérée par la judicieuse réflexion faite, à
la Sorbonne, par celui que je viens de ci-
ter et qui est une de nos plus hautes cé-
lébrités littéraires.

Si l'instruction populaire sans religion
est funeste au point de vue du Paupérisme, il est une chose encore plus démora-
lisatrice et plus déplorable en ce qu'elle
annihile les sacrifices énormes faits par
l'Etat et les particuliers en faveur de la
culture intellectuelle des masses.

Je veux parler de la création libre et
sans cesse croissante de petits cabarets
interlopes qui, la plupart, sont autant
d'écoles de dépravation dont l'enfant ap-
prend souvent le chemin avant même de
quitter l'école prima e.

Est-il possible de faire un tel usage de
la Liberté ? Pourquoi l'Etat ne voit-il pas
qu'il renverse d'une main ce qu'il élève
de l'autre, et que c'est une inconséquen-

ce flagrante et inconcevable que de permettre d'entourer nos coûteuses écoles par des cabarets dont le nombre s'accroît tellement qu'à l'heure présente, suivant le récent rapport de M. Claude, l'honorable sénateur des Vosges, on compte, en moyenne, un cabaret pour moins de 94 habitants !

A quoi servent alors toutes les dépenses scolaires puisque, en regard, la multiplicité des cabarets oblige à en faire de plus onéreuses pour agrandir les prisons et les hôpitaux !

Il est notoire, en effet, que ces nouveaux cabarets sont, en grande partie, aussi bien à la ville qu'à la campagne, de véritables écoles du vice, écoles où naissent le vagabondage et la mendicité en même temps que s'éteint tout sentiment de dignité chez les malheureux, et ils sont innombrables, qui empoisonnent leur esprit et leur corps dans ces repaires patentés de l'alcoolisme et de son hideux cortège.

Nos aïeux, Messieurs, avaient bien compris ainsi la gravité du mal social qui prend sa source dans ces maisons de débauche; aussi, dans leurs cahiers de doléances, en 1789, demandent-ils énergiquement un remède radical contre cette calamité. Ecoutez, à ce sujet, le vœu formulé par le corps des Arts libéraux de la ville de Bernay :

« Qu'enfin l'on fasse fermer les cafés,
« les billards, les clubs de toute espèce
« qui sont la source la plus féconde des
« désordres de la ville. C'est l'azile de
« l'oisiveté, du jeu et du libertinage, la
« ruine des jeunes gens, la dissolution
« des familles, etc. Avertissons depuis
« longtemps de supprimer ces établisse-
« ments en cette ville. » (1).

Et pourtant il n'y avait alors, à Bernay,
que 22 cabarets (2) rég ispar une sévère législation (3). Que diraient les rédacteurs
du cahier de 1789 maintenant que le chif-
fre ancien des cabarets est presque sextu-
plé !

Il est donc évident que la liberté des
cabarets, telle qu'elle existe actuellement,
prépare d'épouvantables dangers sociaux
contre lesquels sont et seront impuis-
santes les illogiques et caduques lois destinées à réprimer les progrès de l'acoo-
lisme, d'où découle, on l'a tant de fois
dit, la décadence morale, la misère répu-
gnante et aussi le crime bestial.

Dans le même ordre d'idées, Messieurs,
et dussè-je me faire lapider par les miens,

---

(1) Dans les *Cahiers du Tiers état de la Ville de
Bernay*, publiés par moi en 1885, se trouvent
d'autres vœux analogues.

(2) J'en ai donné la liste dans ma courte notice sur *Les Hôtelleries et Cabarets de Bernay*, etc.

(3) Voir à ce sujet : *L'Eglise et l'Etat au XVIII*
siècle*, notice que j'ai tout récemment publiée.

je dois vous signaler une cause qui favorise grandement les développements de l'alcoolisme et du paupérisme illicite dans nos villages ; cause dont on a fait une question électorale à exploiter, sans se préoccuper si elle ne renferme pas des intérêts infiniment supérieurs à ceux d'un groupe d'individus. Je veux parler du privilège des bouilleurs de crû, privilège qui crée, dans les campagnes, une multitude de débits clandestins d'où sort constamment, au détriment du Trésor, une quantité considérable d'alcool dans laqnelle se noie aussi le salaire et la moralité de tant de prolétaires (1).

L'abus du tabac chez les enfants est aussi un inquiétant symptôme pour le Paupérisme futur. Je vous avoue, Messieurs, que ce n'est pas sans tristesse que je [vois souvent des enfants pauvres, de 8 à 12 ans, aller à l'école avec une cigarette aux lèvres. Inutile d'insister sur les moyens employés par ces jeunes fumeurs pour se procurer le prix de leur tabac.

Ce n'est donc point avec une telle liberté que l'on parviendra, suivant la belle expression de M. Duruy, à conserver l'aristocratie de l'intelligence.

---

(1) Cette idée m'a été donnée par mon honorable compatriote M. Armand Adam. avocat distingué à Paris, auquel je rends cordialement son bien en le remerciant vivement.

V

Le mépris et l'inobservance des lois.

Il est incontestable, Messieurs, que la négation ou le mépris des lois divines amène naturellement à nier ou à mépriser les lois humaines cette catégorie de citoyens qui, déclarant qu'il ne faut « Ni Dieu ni maître ! », forme le principal appoint du Paupérisme illicite.

Il est également incontestable que, lorsque le sentiment moral d'un gouvernement démocratique est émoussé au point de permettre à la lie du prolétariat de s'élever à la surface, de dicter des lois et d'inquiéter les honnêtes gens, on ne tarde pas à voir la législation des sages honnie et peu à peu tomber en décadence.

La France, Messieurs, est dans ce redoutable et fâcheux moment de défaillance : le mépris de la loi et son relâchement sont, présentement à l'état aigu. Je n'en citerai que quelques preuves se raptant au Paupérisme illicite :

Une sorte de protection officielle couvre cette foule de gens sans aveu ni profession avouable, qui, dans des voitures, voyageant en caravane ou isolément, traitent en pays conquis les localités rurales où ils s'abattent et stationnent avec une liberté qui justifient les rapines dont vivent ces nomades,

La même protection s'étend aux vagabonds circulant à pied. Tout récemment, à Bernay, un de ceux-là, arrêté par les gendarmes parce qu'il avait menacé de mettre le feu dans un village, a été immédiatemeut relaxé, sous le prétexte qu'il n'avait pas été pris en flagrant délit d'incendie. Le même fait s'est produit à l'égard d'un vagabond qui avait proféré des menaces de mort contre un paysan qui lui avait refusé l'aumône.

Dans ces faits étonnants n'y a-t-il pas l'explication de ces nombreux et mystérieux sinistres qui éclatent journellement dans les campagnes et dont les criminels auteurs sont presque toujours inconnus et impunis.

La loi destinée à combattre l'alcoolisme est à peu près lettre morte surtout dans nos villages, à cause du défaut inévitable de surveillance des trop nombreux cabarets.

La loi est constamment violée, sur une large échelle, par le transport frauduleux et la vente clandestine d'énormes quantités d'alcool.

Est-il besoin d'en dire plus pour montrer que la loi est actuellement une arme bien ébréchée et dédaignée par ceux qu'elle ne frappe pas comme elle le devrait.

VI

Le Suffrage universel.

Fils et petit-fils d'humbles villageois, je suis, Messieurs, un fervent admirateur des sublimes principes de 1789, dont l'étude m'offre des charmes incomparables.

J'approuve hautement la Liberté quand elle a pour objectif le bien public ; je salue l'Égalité devant la loi, le mérite et la vertu ; je m'incline respectueusement devant la Fraternité qui embrasse indistinctement toutes les croyances et les opinions respectables et licites. Mais je n'admets pas l'Égalité telle qu'elle est représentée par notre Suffrage universel, parce qu'elle met en parallèle et sur le même rang, dans les destinées de la France, les citoyens utiles qui forment l'élite de la société avec les individus nuisibles qui en sont le rebut : le chef de l'Etat avec l'ignoble voyou ; le haut dignitaire avec le misérable ; le magistrat intègre avec le gredin qu'il juge ; l'homme d'ordre et de bonne vie avec l'individu sans mœurs ; l'ouvrier laborieux, honnête et sobre avec le voleur fieffé, le fainéant endurci, l'ivrogne descendu à l'état de la brute.

Le suffrage universel, sans restriction, c'est livrer les honnêtes gens à la canaille qui, ne respectant rien, n'ayant rien à risquer, cherche dans le désordre des ressources coupables.

C'est donc une lourde faute que de laisser dans des mains indignes ou menaçantes une arme aussi dangereuse que le bulletin de vote. C'est folie, à mon avis et à celui de beaucoup d'économistes plus autorisés que moi, d'accorder voix consultative et prépondérante, dans les destinées de la Patrie, à ceux-là qui sont les fléaux et la honte de la Société active !

Est-ce là ce qu'on peut appeler la Souveraineté du Peuple et la Représentation nationale ? Non, assurément.

QUELQUES MOTS
SUR LES
Moyens de combattre le Paupérisme
ILLICITE

Signaler le mal, c'est indiquer les remèdes. Voici, Messieurs, ceux qui, selon ma pensée, peuvent arrêter les progrès de l'effrayante plaie qui s'attaque au cœur même de la France.

I. — En ce qui concerne l'Instruction populaire :

Rétablir ou du moins tolérer dans les écoles publiques l'enseignement religieux.

Introduire dans le programme des écoles primaires l'enseignement agricole et professionnel. A cet effet, établir, pour chaque école : 1° un champ d'études agri-

coles (1), dont l'expioitation, peu coûteu-
se, serait confiée à un bon cultivateur de
l'endroit ; 2° un atelier professionnel d'industrie locale ou usuelle, dirigé par un
habile et honorable artisan du pays. Une
femme dirigerait l'atelier des filles.

Ajouter aux certificats d'études primaires des certificats d'études agricoles et
professionnelles. Attacher à ces certificats
des privilèges sérieux pour l'avenir des
titulaires.

Organiser chaque année, dans un chef-
lieu de canton, un Concours d'Agriculture
et d'Industrie scolaires, auquel prendraient
part toutes les écoles de l'arrondissement.
Ce concours serait placé sous le patronage
du Comice ou de la Société agricole qui
y affecterait une partie de la subvention
habituellement accordée par l'État.

Réserver pour ce Concours la Conféren-
ce d'Agriculture qui se fait annuellement
dans chaque canton, en pure perte ou à
peu près, car ce n'est point par une confé-
rence, faite un jour de simple marché devant quelques rares cultivateurs, que l'on
peut déraciner une routine séculaire et
implanter le progrès agricole parmi nos
populations rurales qui, on le sait, sont
passablement rebelles aux innovations

---

(1) Dans le dernier *Annuaire de l'enseignement
primaire*, M. Pamart, professeur à l'Ecole nor-
male de Douai, a parfaitement traité cette intéressante question des champs d'expériences
agricoles.

modernes. Il n'y a donc que par l'école et l'enfant, que par des concours spéciaux et des conférences opportunes que l'on fera pénétrer dans les masses les avantages de la science agricole.

Créer, au chef-lieu d'arrondissement, une École supérieure d'Agriculture et une École supérieure d'Industrie régionale, écoles où seraient admis gratuitement les lauréats des concours précités.

Enfin, attacher à leur village le paysan et l'artisan qui cultivent le terre. Pour cela : répartir plus équitablement l'impôt foncier, lequel écrase le petit propriétaire et exonère pour ainsi dire les riches ; — Accorder aux petits cultivateurs et aux artisans une large place dans les Concours cantonaux, jusque là exclusivement agricoles et réservés à la grande culture. Ne serait-il pas profitable de faire concourir aussi et de récompenser tous les gens de métier : tisserands, cordonniers, sabotiers, menuisiers, couturières, etc., etc. ? L'émulation n'est-elle pas, en tout, la clé et le secret du progrès ! — Instituer une décoration populaire et plus démocratique que celle du « Mérite Agricole », laquelle, âgée de 4 ans, n'a pas encore orné la blouse grossière d'un humble agriculteur aux mains calleuses. Cette distinction spéciale serait la réalisation d'un judicieux vœu émis, en 1789, par les pauvres laboureurs de Saint-Pierre-du-Mesnil, dans leur cahier de doléances (1).

A l'égard des ravages de l'Alcoolisme :

Supprimer impitoyablement tous les cabarets borgnes qui sont un sujet de scandale et de véritables foyers de corruption morale et physique. L'hygiène nationale impose d'urgence cette utile mesure.

Appliquer strictement et rigoureusement la loi contre l'ivresse et la fraude.

Abolir le privilège des bouilleurs de crû, mais éviter soigneusement les mesures arbitraires et vexatoires.

Défendre l'usage du tabac et l'entrée des cafés, en qualité de consommateurs. aux enfants âgés de moins de 15 ans.

Déférer aux tribunaux correctionnels tous les faits portant atteinte à la morale publique et qui, jusqu'à présent, ne sont

---

(1) Voici ce vœu, que nous avons soumis à l'Association normande, lors de son congrès tenu à Bernay, en 1883, plus de 8 jours avant la création de l'Ordre du Mérite Agricole :

« Demandent [les habitants] qu'il soit accor-
« dé une marque distinctive au meilleur culti-
« vateur, reconnu pour faire le mieux valoir,
» ayant les plus belles récoltes, lequel sera ju-
« gé ainsi par la renommée de ses voisins que
« par le juge du lieu, d'après les informations
» exactes et scrupuleuses. Alors il lui sera fait
« présent, par les États provinciaux assemblés,
« d'une Médaille d'argent de six livres, qui lui
« sera attachée à la boutonnière de la veste,
« sur laquelle sera gravé son nom et sur l'au-
« tre côté ces mots : *Aux grands Cultivateurs.* »

qu'infructueusement punis par les tribunaux de simple police.

Expulser tous les étrangers sans profession avouable, qui trouvent en France
une imprudente hospitalité que leur re-
fusent, à raison, les nations soucieuses de
leur sécurité.

— En ce qui concerne le suffrage universel :

Priver du droit de vote, pendant un
temps suffisamment long, tout individu
indigne, tout voleur, tout vagabond réci-
diviste, tout ivrogne incorrigible, tout
individu, en un mot, qui a perdu le sentiment de l'honneur, de la probité et des
vertus civiques. Appliquer la même peine
contre les cabaretiers qui auront enfreint
la loi ayant pour objet la répression de
l'alcoolisme et de la prostitution.

Règlement de l'Assistance publique.

Tranformer la France en une vaste So-
cieté de Secours mutuels entre tous les
citoyens possédant bien ou revenu. A cet
effet, établir équitablement et d'une fa-
çon générale l'Impôt de la Misère.

Organiser dans chaque commune un
Bureau de Bienfaisance régi par l'Etat et
dont profiteraient seuls les vrais nécessi-
teux du lieu.

Par ces divers moyens, je pense, Messieurs, que l'on pourra facilement résoudre ce problème du Paupérisme, vieux comme le monde et toujours d'actualité. Je suis convaincu que la solution de ce problème n'est possible qu'a la condition unique, selon la pensée des deux illustres personnages dont j'ai emprunté la puissante voix, qn'une démocratie sensée et libérale fera les efforts et les sacrifices néccéssaires pour aristocratiser l'intelligence et spiritualiser les sentiments généreux du cœur. C'est alors que règnera la Fraternité et la Paix promises par le Christ aux hommes de bonne volonté ; dons inappréciables dout chaque citoyen goûterait ici-bas les avantages, et dont la douceur serait doublée par l'espoir d'une récompense éternelle pour la coopération prise dans ce grand et noble acte de Charité.

Je crois avoir accompli un patriotique devoir en offrant mon modeste concours au relèvement moral de mon Pays et en essayant d'apporter un peu de lumière dans cette grave question sociale, l'abolition du Paupérisme coupable, depuis si longtemps un nœud gordien qu'aucun Alexandre n'a encore pu trancher.

E. VEUCLIN.

Au Congrès des Sociétés savantes, à la Sorbonne, la question du Paupérisme, sous ses diverses formes, a été remarquablement traitée par MM :

Gabriel Joret-Desclosières, avocat à la Cour d'Appel de Paris, de la Société générale des prisons et de la Société des Etudes historiques ;

L'abbé P. David, de la Société pour l'étude des questions d'enseignement secondaire de Paris ;

Le pasteur E. Robin, de la Société générale des prisons ;

Eugène Rostand, professeur, de l'Académie des sciences, lettres et arts de Marseille ;

Le pasteur Cheyson ;

Œschaner, président de la Société d'études philosophiques et sociales ;

Marambal, de la Société contre l'abus du tabac ;

Chenuau, vice-président honoraire de la Société industrielle et agricole de Maine-et-Loire ;

M. Limousin.

D'accord avec mes érudits et distingués confrères, je pense aussi que :

1° L'Instruction ne saurait être trop repandue parmi le peuple, mais je repète que cette instruction doit être basée sur la morale chrétienne, sans quoi ses fruits seront secs ou corrompus ; je répète également que l'instruction obligatoire demande, surtout pour les enfants pauvres, un complément professionnel qui ne fasse pas regretter l'ignorance d'autrefois.

2° La protection des adultes et l'institution de Cercles chrétiens, pour les ouvriers, est le couronnement de l'œuvre éducatrice du peuple et l'unique moyen de lui inspirer l'horreur de la fainéantise et la dignité de soi-même.

3° L'Assistance publique doit être, pour le Paupérisme honnête, une banque constamment ouverte où le pauvre valide peut escompter, sans intérêts usuraires, la vigueur de ses bras ou ses connaissances intellectuelles. En un mot, l'Assistance publique doit être un mont-de-piété vraiment philantropique, prêtant sans difficulté et largement à tout citoyen qui, dénué de tout bien matériel, peut offrir un gage precieux et inestimable : l'amour du travail et le désir d'être utile à la société (1).

4° Les pauvres honteux doivent être recherchés et secourus avec d'autant plus de sollicitude qu'ils souffrent avec une noble résignation et ne cherchent point à spéculer de leur misère involontaire.

---

(1) La question de l'*Assistance par le Travail* a été admirablement traitée, à l'occasion de l'Assemblée générale de la Société de Patronage des Prisonniers libérés, le 30 mars 1887, par MM. de Pressencé, sénateur ; Frédéric Passy, député ; E. Robin, pasteur.

5° Le Paupérisme illicite n'a aucun droit à la charité et la loi ne saurait sévir trop rigoureusement à l'endroit de ses origines, notamment contre l'alcoolisme, dont le Congrès a pu apprécier la puissance dévastatrice au triple point de vue de l'immoralité, de la misère et de la criminalité.

A nos gouvernants de couper le mal dans sa racine et d'appliquer énergiquement les meilleurs remèdes que le Congrès de la Sorbonne a mis en haut relief.

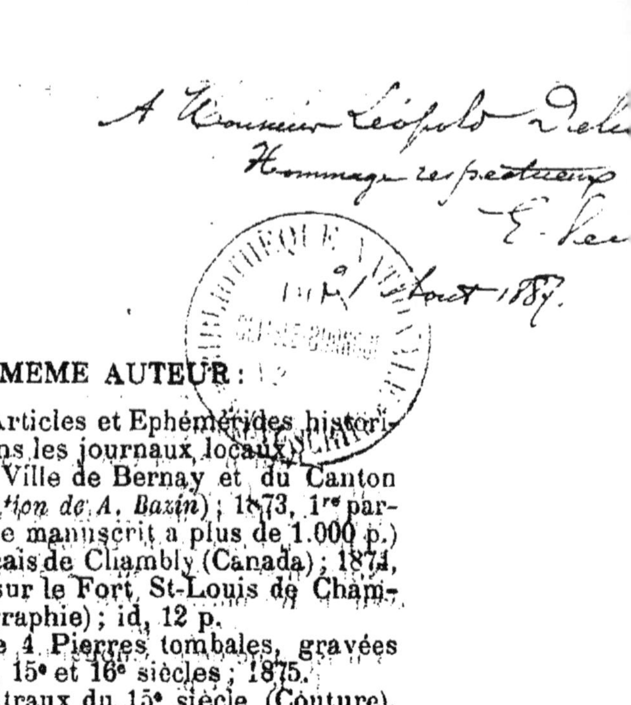

DU MEME AUTEUR :

1871-1885. — Articles et Ephémérides historiques (publiés dans les journaux locaux).

Histoire de la Ville de Bernay et du Canton (avec la collaboration de A. Bazin) ; 1873, 1re partie, 72 pages. (Le manuscrit a plus de 1.000 p.)

Le Fort Français de Chambly (Canada) ; 1874, 16 p. — Notice sur le Fort St-Louis de Chambly (avec photographie) ; id, 12 p.

Estampages de 4 Pierres tombales, gravées au trait, des 14e, 15e et 16e siècles ; 1875.

Calque de 2 Vitraux du 15e siècle (Couture).

Saint Vincent de Paul à Bernay, en 1650 ; 1876, 36 pages.

Histoire d'un petit coin du Pays d'Ouche : Le Pont-Echenfrei, etc. ; 1877, 139 p.

Les Confréries des Captifs à Bernay et aux environs ; id., 22 p

Les Vitraux de Saint-Martin de Laigle ; id.

Le Musée municipal de Bernay ; 1878, 18 p.

Quelques mots sur les Vitraux anciens de l'église paroissiale d'Orbec ; id., 16 p.

F.. de l'Abbaye royale du Bec-Hellouin ; 1879, 90 pages et une eau-forte.

Documents inédits sur les Armoiries de la Ville de Bernay ; 1881, 16 p.

Les 8 Canons du château de Broglie; id., 30 p.

Description sommaire de l'Eglise de Rotes ; 1883, 9 pages.

L'Imprimerie à Bernay, depuis son établissement jusqu'en 1883 ; id., 40 p.

Le Cléricalisme n'est pas l'ennemi de la Liberté, du Progrès et de la Civilisation ; 1884, 220 p.

Petit Bouquet de Fleurs historiques sur la Maison de Broglie ; id., 30 p.

La Ruine de l'Abbaye de Saint-Evroult ; id. (Annuaire de l'Association normande ; 10 p.)

Le Théâtre à Bernay, au XVIII° siècle ; 1885, 38 pages.

La France en 1789. — Les Cahiers du Tiers-Etat de la Ville de Bernay ; 1885, 43 p.

Les Petites Ecoles et la Révolution [1789-1799] dans les districts de Bernay et de Louviers ; id.,

126 p. — (*E.:trait d'un Mémoire présenté au Congrès de la Sorbonne*).

Saint Taurin et sa Coudre à Saint-Aubin-de-Gisai ; id., 37 pages.

L'Eglise de Sainte-Croix de Bernay ; id., 36 p.

L'ancien Collège de Bernay ; 1886. 50 pages.

Notes historiques sur l'Instruction publique, avant la Révolution, dans la Ville de Bernay et les Environs ; id., 30 p.

Un Episode de la Chouannerie à Bernay, en l'an VII ; id., 11 p.

Notes historiques sur l'Instruction publique, avant la Révolution, dans la Ville de Louviers et les Environs ; id., (publiées dans l'*Industriel de Louviers*).

La Confrérie de Charité et de la Rédemption des Captifs de St-Aubin-le-Guichard ; id., 37 p. (*Extrait d'un Mémoire lu au Congrès de la Sorbonne*)

Les Guerres de la Révolution et les Bernayens ; id., 73 pages.

Quelques Notes inédites sur Languet de Gergy. 39e abbé de Bernay ; id , 5 p.

Les Saints Patrons de la Ville de Bernay ; id. 90 pages.

Le Journal d'un Paysan (1799-1823) ; id., vi-60 pages.

Les Hôtelleries et Cabarets de Bernay. du XVIe au XVIIIe siècle ; id., 6 pages.

Description des Armoiries de la Ville de Bernay, en 1730 ; id., 4 pages.

Les Trois Couleurs Nationales dans la Ville de Bernay pendant la Révolution ; 1887, 24 p.

Les Falots des Rois, Feux de joie et le Carnaval dans la Ville de Bernay, au XVIIIe siècle ; id., 14 pages.

La Marine militaire Française sous le Consulat et l'Empire. — Aventures d'un jeune Marin-Dessinateur... (1801-1813) ; id., 81 p.

L'Eglise et l'Etat, au XVIIIe siècle : id., 30 p.

Récits villageois en Patois normand ; id., 32 p.

Sous presse :

La Police du Commerce et de l'Industrie.

Chansons villageoises recueillies au 18e siècle.

9 782019 216504